HERR VON RIBBECK AUF RIBBECK IM HAVELLAND

HERR VON RIBBECK

VON THEODOR FONTANE

Auf Ribbeck im Havelland

HOLZSCHNITTE VON NONNY HOGROGIAN

BELTZ & Gelberg

Theodor Fontane, 1819 in Neuruppin geboren, 1898 in Berlin gestorben, ist der herausragende Vertreter des poetischen Realismus in Deutschland und gehört zu jenen Schriftstellern des 19. Jahrhunderts, die auch heute noch häufig gelesen werden. Bekannt wurde er vor allem durch seine Romane *Effie Briest* oder *Der Stechlin*. Herr von Ribbeck auf Ribbeck im Havelland verfasste er im Frühsommer 1889. Es wurde zu einem Lieblingstext für viele Generationen.

Nonny Hogrogian, geboren 1932, wuchs in einer Malerfamilie in New York auf. Sie studierte am dortigen Hunter College, lernte die Holzschnittkunst und arbeitete danach als Grafikerin in Kinderbuchverlagen und als freie Illustratorin. 1960 erschien ihr erstes Bilderbuch, dem viele weitere folgten. Zweimal wurde sie mit der Caldecott Medal, dem höchsten amerikanischen Bilderbuchpreis, ausgezeichnet.

Herausgegeben in Zusammenarbeit mit dem Moritz Verlag
von Markus Weber

Dieses Buch ist erhältlich als:
ISBN 978-3-407-76062-3 MINIMAX

Erstmals als MINIMAX bei Beltz & Gelberg im August 2008
© 2008 Beltz & Gelberg
in der Verlagsgruppe Beltz · Weinheim Basel
Werderstraße 10, 69469 Weinheim
Alle Rechte dieser Ausgabe vorbehalten
Lizenzausgabe mit freundlicher Genehmigung des Atlantis Verlags, Zürich
©2005 Atlantis, an imprint of Orell Füssli Verlag AG, Zürich
Die amerikanische Erstausgabe erschien 1969 bei Macmillan, New York, N.Y., USA
Die deutsche Erstausgabe erschien 1971 im Atlantis Verlag, Zürich / Freiburg i. B.
Druck und Bindung: Beltz Grafische Betriebe, Bad Langensalza
Printed in Germany
11 12 13   21 22 19

Weitere Informationen zu unseren Autor_innen und Titeln
finden Sie unter: www.beltz.de

 FÜR ROBERT

Herr von Ribbeck auf Ribbeck im Havelland,
Ein Birnbaum in seinem Garten stand,
Und kam die goldene Herbsteszeit,
Und die Birnen leuchteten weit und breit,

Da stopfte, wenn's Mittag vom Turme scholl,
Der von Ribbeck sich beide Taschen voll,

Und kam in Pantinen ein Junge daher,
So rief er: »Junge, wist 'ne Beer?«

Und kam ein Mädel, so rief er: »Lütt Dirn,
Kumm man röwer, ick hebb 'ne Birn.«

So ging es viel Jahre, bis lobesam
Der von Ribbeck auf Ribbeck zu sterben kam.
Er fühlte sein Ende. 's war Herbsteszeit,
Wieder lachten die Birnen weit und breit,
Da sagte von Ribbeck: »Ich scheide nun ab.
Legt mir eine Birne mit ins Grab.«
Und drei Tage drauf, aus dem Doppeldachhaus,
Trugen von Ribbeck sie hinaus,

Alle Bauern und Büdner, mit Feiergesicht,
Sangen »Jesus meine Zuversicht«,

Und die Kinder klagten, das Herze schwer:
»He is dod nu. Wer giwt uns nu 'ne Beer?«

So klagten die Kinder. Das war nicht recht.
Ach, sie kannten den alten Ribbeck schlecht.
Der *neue* freilich, der knausert und spart,
Hält Park und Birnbaum strenge verwahrt.
Aber der *alte,* vorahnend schon
Und voll Misstraun gegen den eigenen Sohn,
Der wusste genau, was damals er tat,
Als um eine Birn ins Grab er bat,

Und im dritten Jahr, aus dem stillen Haus
Ein Birnbaumsprössling sprosst heraus.

Und die Jahre gehen wohl auf und ab,
Längst wölbt sich ein Birnbaum über dem Grab,

Und in der goldenen Herbsteszeit
Leuchtet's wieder weit und breit.

Und kommt ein Jung' übern Kirchhof her,
So flüsterts im Baume: »Wiste 'ne Beer?«
Und kommt ein Mädel, so flüstert's: »Lütt Dirn,
Kumm man röwer, ick gew di 'ne Birn.«

So spendet Segen noch immer die Hand
Des von Ribbeck auf Ribbeck im Havelland.